LA BATAILLE
DES JÉSUITES.

PREMIÈRE PARTIE.

SECONDE PARTIE.

C.

fait prêter. — Ses promesses. — Les Jésuites mar-
chent vers Rambouillet. — Obstacle qu'ils rencon-
trent. — Bataille décisive. — Châtiment infligé aux
Jésuites. — Accident qui en empêche l'exécution.
— Expulsion des Jésuites.

Imp. de Thuau.

LA BATAILLE
Des Jésuites.

⁙

PREMIÈRE PARTIE.

⁙

Grand saint Ignace, ô toi que je révère!
Toi, d'un grand corps illustre fondateur!
Du haut des cieux répands sur notre terre
Du feu divin un jet consolateur.
Satan me gagne, et presque tous les hommes
Sur ce point-là sont assez comme moi;
Soutiens-nous donc, car tous tant que nous sommes,
Sans ton secours, allons suivre sa loi.
Lance, grand saint, quelque vive étincelle,
Qui vienne au moins jaillir sur mon esprit,
Et qu'on apprenne, en lisant cet écrit,
De tes élus la sanglante querelle.

Près de Paris est un riant château,
De saints jadis retraite fortunée;
Le chef heureux de ce divin troupeau
Était un moine à face bourgeonnée;
Mont-Rouge fut ce lieu tant révéré,
De maints dévots dont la France fourmille.
Là, le saint corps, serré, claquemuré,

Voulait le bien de plus d'une famille.
Jadis nos saints, pour arriver au ciel,
Dévotement lisaient le bréviaire ;
Ils s'illustraient aussi par leur misère,
Et dans leur cœur ne couvaient aucun fiel.
Ceux d'aujourd'hui que ne sont-ils de même ?
Hargneux, bourrus, méchants, ambitieux,
A tout propos nous lançant l'anathème,
Voilà quels sont nos envoyés des cieux.
Mais c'est assez de ces cagotes cliques
Vous dévoiler et l'esprit et l'humeur ;
Vous qui feignez de croire à leurs reliques,
Vous me traitez d'impie et d'imposteur :
Pour respecter et lire leur grimoire,
Mes bonnes gens vous avez vos raisons ;
Je suis payé, moi, pour ne pas y croire ;
Suis-je coupable ?.... Or çà nous commençons.

Le commandant des sectateurs d'Ignace,
Ce chef vermeil dont j'ai parlé plus haut,
Qui peut partout disposer de la grâce,
Cette vertu qui nous vient du Très-Haut,
Par un beau soir, l'esprit plein des fumées,
Non de l'encens, amis, n'y croyez pas,
Mais des liqueurs saintement estimées
Dont les béats s'arrosent aux repas :
Par un beau soir, dis-je, en l'état funeste
Où fut Noé lorsqu'il maudit son fils,

Le révérend, d'un pas bien moins que leste,
En tâtonnant rejoignait son logis.
Ce n'était pas pour lui petite affaire ;
Mais cependant, avec l'aide des cieux,
Il gagne enfin cet heureux sanctuaire
Où le sommeil va lui fermer les yeux.
Sur un duvet de la plus douce plume
Le père en Dieu s'enfonce en un instant,
Et de son corps le souple et gros volume
Sans nul effort se déploie et s'étend.
Heureux mortel! sans soucis, sans alarmes,
Exempt de peine, exempt du moindre soin,
Du doux sommeil tu vas goûter les charmes,
Quand tout un peuple expire de besoin....
Que dis-je, heureux? ah! pardon, je m'égare ;
Non, le bonheur n'est pas pour les méchants,
Et notre saint, ici je le déclare,
Ne se comptait parmi les bonnes gens.
Aussi Satan, qui dès long-temps le véille,
Fait sentinelle à son lit de repos,
Et, dès qu'il dort, penché vers son oreille,
Adoitement vient lui souffler ces mots :

   « Illustre chef de la brigade sainte
   « Dont j'ai sous moi mis la communauté,
   « Entends ma voix ; je te parle sans feinte,
   « Ton intérêt vers toi m'a député.
   « Ton intérêt..... ce mot doit te suffire,
   « Étant français à la mode du jour.

« Je te protège et viens ici te dire

« Comment tu peux figurer à la cour. »

Notre bon saint, qui s'endormait à peine,

A ces doux mots s'éveille mollement,

Et, profitant d'une aussi bonne aubaine,

A Satanas s'abandonne à l'instant.

Le Diable alors d'une voix pateline

Prône le saint et reprend son discours :

« Vers le pouvoir ta secte s'achemine, »

Dit le rusé, « Je vois que tous les jours

« Les tiens et toi, malgré maintes canailles,

« Vous empiétez sur ces grands potentats

« Qui ne sont bons qu'à livrer des batailles

« Et ne font rien pour le bien des états.

« Tout est pour vous ; les grands seigneurs en France,

« Avec orgueil suivent vos étendards ;

« Il en est bien qui, par leur éloquence,

« Voudraient sans doute ébrécher vos remparts ;

« Mais que font-ils ? francs et pleins de droiture,

« Amis du peuple et respectant les lois,

« De l'opprimé s'ils défendent les droits,

« On entend braire autour d'eux *la clôture.*

« Vois-tu Corbière arrivant du moulin,

« Et Peyronnet ce vaillant spadassin,

« Tous deux amis de ce digne Ministre

« Qui fut jadis le *grand consolideur :*

« Tu dois jouir de leur aspect sinistre

« Et du complot qui se trame en leur cœur.

« Mais il en est un autre plus terrible ;

« C'est Polignac, mon chéri, mon poupon,

« Je le caresse, et mon bras invisible

« Guide le sien..... Sans tarder le canon

« Va par son ordre éclater dans la ville.

« Ici tu dors insouciant, tranquille :

« Le temps est proche où la grande cité

« Vous offrira le plus sanglant spectacle,

« Et la victoire, à moins d'un grand miracle,

« Doit sans effort être de ton côté :

« Arme à l'instant ta dévote milice,

« Étourdis-la de discours vrais ou faux,

« Et d'un poignard que cache le cilice,

« Qu'elle extermine enfin les libéraux. »

Le Diable dit, et soudain le saint père,

Se frotte l'œil, regarde tout surpris,

Puis, refermant sa pesante paupière,

Pense qu'un songe a troublé ses esprits.

A son réveil, le Diable dans sa tête

Trottait toujours. « Suis-je crédule ou bête? »

Se disait-il. « Satan vint-il ici? . . . .

« Je le crois fort. Son sublime langage

« Doit réveiller mon esprit engourdi ;

« La gloire et l'or vont être mon partage.

« Courons, courons haranguer mes enfants ;

« Je puis compter sur leur noble courage ;

« A m'obéir ils sont faits dès long-temps. »

Il vole alors vers la troupe bénigne,

Et la harangue avec cette chaleur
Qui d'un dévot ne fut jamais indigne
Quand la vengeance est au fond de son cœur.
La troupe alors accourant sous ses ailes,
Jure par Dieu, par la Vierge et les Saints,
De châtier sans pitié les mutins
Et d'écorcher même les plus rebelles.
 « C'en est assez, encor le moindre effort,
« Nous jouirons du fruit de la victoire.
« Quel beau chemin pour voler à la gloire !
« Nous combattrons. Marchons, le peuple est mort. »

FIN DE LA PREMIÈRE PARTIE.

SECONDE PARTIE

Sur les débris d'un grand peuple en alarmes
Charle a juré de fonder ses états :
Pour couronner tous ses noirs attentats,
C'est par le fer qu'il veut sécher nos larmes.
Déjà l'airain retentit dans nos murs ;
Paris n'est plus qu'un théâtre de guerre ;
Du vieux tyran l'appareil sanguinaire
Nous glacerait si nos cœurs n'étaient purs.
D'autres que moi rempliront mieux la tâche
De retracer tous nos faits glorieux,
A mon sujet simplement je m'attache
Et je reviens à mes hommes pieux.

A quelques pas de cette humble retraite
Où de Jésus les enfants sont admis,
Où l'on vit bien, très-peu l'on s'inquiète,
Et d'où l'on va tout droit en paradis ;
Près ce lieu, dis-je, est une chaumière
Asile heureux d'un simple laboureur
Qui, ne craignant ni soleil, ni poussière,
Couvre les champs de sa noble sueur.
De son hymen il possède une fille ;
Elle a vingt ans et charme ses vieux jours ;
Lise est son nom, et Lise est fort gentille ,

Un peu dévote en dépit des amours.
De grand matin chaque jour la pauvrette
Porte son lait à la communauté,
Et les caffards à la jeune beauté
Adroitement savent conter fleurette.
Elle y marchait lorsqu'un bruit effrayant
Fait tressaillir son âme consternée :
Le bruit redouble, et, par peur entraînée,
Au monastère elle court en tremblant.
Les chérubins, joyeux de la rencontre,
Volent vers Lise et l'emmènent soudain.
« Venez, ma belle. Ah! quel bruit.. ah! quel train...
« Savez-vous bien que le peuple se montre ?
« Mais près de nous il ne faut pas trembler;
« Nous avons Dieu, la prière et des armes ;
« C'en est assez, Lise, pour accabler
« Ces scélérats qui causent vos alarmes. »
Tout en jasant on fait monter Lison
Dans un salon qu'un faible jour éclaire :
Lors en cachette on eût vu chaque frère
Dévotement caresser le tendron.
La pauvre enfant n'était pas rassurée ;
Sa frayeur même augmentait à l'excès :
Elle voyait en ce lieu des apprêts
Fort étonnants : jamais troupe sacrée
Ne s'était vue en un tel appareil ;
Ces saints moutons, à peine à leur réveil,
Paraissaient tous disposés à la guerre.

On voit un sabre auprès d'un scapulaire ;
Près d'un rosaire on voit un pistolet ;
Près des fusils la croix et la bannière ;
Le bénitier, plein de poudre et de plomb,
N'est plus rempli de cette eau salutaire
Qui nous épure et chasse le Démon.
Le vieux prélat, plein d'une ardeur guerrière,
Brandit son sabre, excite ses soldats,
Et, déployant une blanche bannière,
Avec fureur les dispose aux combats.
Ce jeu plaisait à la jeune milice ;
Car chaque jour, sortant du saint office,
Soit par plaisir, soit par précaution,
Les tonsurés apprenaient l'exercice
Et le mêlaient à la dévotion.

    « Le ciel enfin va nous rendre justice, »
Se disaient-ils ; « la moitié de Paris
  « N'existe plus. Depuis hier la mitraille
  « Doit arrêter les fureurs et les cris
  « Des forcenés et de cette canaille,
  « Qui ne croit plus en nos divins écrits. »
  « — Sacré coquin ! Que font là-haut ces lâches ? »
Crie une voix. « — On monte l'escalier, »
Dit un abbé. « — C'est quelque grenadier, »
Dit le prélat. « Il doit porter moustaches,
  « Il jure bien. Qu'on prenne soin de lui ;
  « Pour notre garde il vient peut-être ici. »
  « — Un grenadier ? Non pas, c'est la Dauphine, »

Dit en entrant, et presque mort de peur,
Un tonsuré. « Si vous voyiez sa mine!
« Vite fermons; évitons son humeur. »
Sous les jupons de Lise l'innocente,
Le vieux prélat se blottit à l'instant;
Lise à la fois étonnée et tremblante
Reçoit le père. Aussitôt on entend
Sauter les gonds, et la porte enfoncée
Leur laisse voir, sous des traits repoussants,
Cette Duchesse hélas! si courroucée :
Son teint livide et sa tête hérissée
Glacent d'effroi les pauvres pénitents.
« Que faites-vous? » leur cria l'insensée.
« C'est donc ainsi qu'on doit compter sur vous?
« Le cas n'est plus de rester à genoux.
« Lorsque Paris vient d'échapper aux nôtres
« Vous marmottez ici des patenôtres!
« Ces grands vauriens que j'ai nourris quinze ans
« De mon pouvoir ne sont plus les garans?
« Quoi! le danger, lâches, vous rend perfides?
« Allez, courez, rejoignez nos soldats;
« Ils sont vaillants; que vos bras homicides,
« Avec les leurs soutiennent nos états.
« Frappez, tuez; ne ménagez personne.
« Le Roi le veut, et je l'ai commandé;
« Il faut de sang arroser sa couronne;
« Ce projet-là, du ciel doit être aidé.
« Vous me voyez, je sors du corps-de-garde

« Et viens ici vous guider aux combats.....
« Mais.... que fait là cette jeune paillarde?....
« Est-ce à présent le moment des ébats? »
Lise à ces mots devient bien plus tremblante,
Et n'étant pas maîtresse de sa peur,
Elle ressent une vive douleur
Qui la rend faible et presque défaillante.
Certain besoin a fortement parlé :
Sur le prélat, sans force elle s'appuie,
Et fait couler sur sa tête blanchie,
Certain liquide et tiède et très-salé.
    « *Asperges me!*... » s'écria le saint père
En retirant son chef tout humecté.
« Rendons tous grâce à la divinité,
« Le ciel m'envoie un bienfait salutaire.
« Je ne crains plus d'être martyrisé ;
« Deux fois chrétien n'est pas trop dans la vie.
« Je puis braver jusqu'à l'ignominie,
« Car je viens d'être encore baptisé. »
— « Vieux pénaillon, laisse là tes sornettes, »
Dit la Duchesse, « et marche à Rambouillet.
« Je ne sais trop si le château te plaît :
« On n'y voit point de jupons de grisettes ;
« Mais de ce lieu faisant notre quartier,
« Nous y voulons porter toutes nos forces.
« Je viens ici pour vous y rallier ;
« Courez-y tous, apprêtez vos amorces ;
« Volez défendre et soutenir vos Rois ;

« Allez, marchez, mes amis, soyez braves.
« Quoi ! ces faquins méconnaîtraient mes droits?
« A mon pouvoir ils mettraient des entraves?
« C'est un peu fort. Jurez par Loyola
« D'exterminer tout homme qui raisonne.
« — Nous le jurons. — Je comptais sur cela.
« Ce beau serment maintiendra la couronne.
« A votre Roi vous êtes attachés.
« Demeurez donc toujours inébranlables,
« Et pour le prix de vos faits redoutables,
« Vous aurez tous de petits évêchés. »
      Elle a parlé. La troupe rassurée
Sort en criant, les armes à la main ;
Blanche cocarde est soudain arborée,
Et de la gloire on a pris le chemin....
Quand tout à coup s'élève dans la plaine,
Encore au loin un nuage poudreux
Qui, suspendant l'ardeur qui les entraîne,
Pour un moment vient arrêter nos preux.
      « Vous hésitez! » leur cria la Princesse.
« Quoi! vous tremblez en voyant quelques gueux
« Qui dans l'instant vont fuir avec vitesse
« Si vous feignez de vous porter sur eux? »
      La Dame alors comptait bien sans son hôte.
Ces gueux n'étaient d'humeur à reculer,
Ils s'avançaient serrés et côte à côte,
Armés d'un fer qu'au loin on voit briller.
Les combattans sont bientôt en présence ;

Et dans ce lieu la jésuitique engeance,
En nombre était quadruple et même plus ;
Mais, en dépit d'un si grand avantage,
Les pénaillons furent bientôt vaincus.
Rien ne saurait s'opposer au courage
Des défenseurs de notre liberté,
Et leur élan ne peut être arrêté
Que par l'horreur qu'ils ont tous du carnage.
Un des vainqueurs crie, en quittant son rang :
    « Allez au Diable ! Allez, races maudites !
« Laissons, amis, ces serpents, ces jésuites :
« Il ne faut pas nous salir de leur sang.
« Bas la culotte, et que chacun fustige
« De ces cagots les postères bénis ;
« Oui, que ce soit la peine qu'on inflige
« Aux faux dévots que la France a bannis.
« Ce châtiment est la seule vengeance
« Des malheureux qu'ils ont tant oppressés.
« Çà, dépêchons, car nous sommes pressés :
« Il n'est que temps. » Le premier qui s'avance
Culotte bas, marche les yeux baissés,
Joignant les mains, allongeant le derrière ;
Mais quand chacun se dispose à frapper,
On sent, hélas ! une odeur de matière
Que la frayeur vient de faire échapper.
Un second vient : encor pareil miracle.
Puis un troisième, et toujours même odeur ;
Et chacun d'eux, mourant presque de peur,

Au châtiment oppose même obstacle.
D'un coup de pied les caffards redressés,
Sont fort contents encor de l'aventure ;
Jouissons tous de leur déconfiture.
Dieu soit béni : nous les avons chassés.